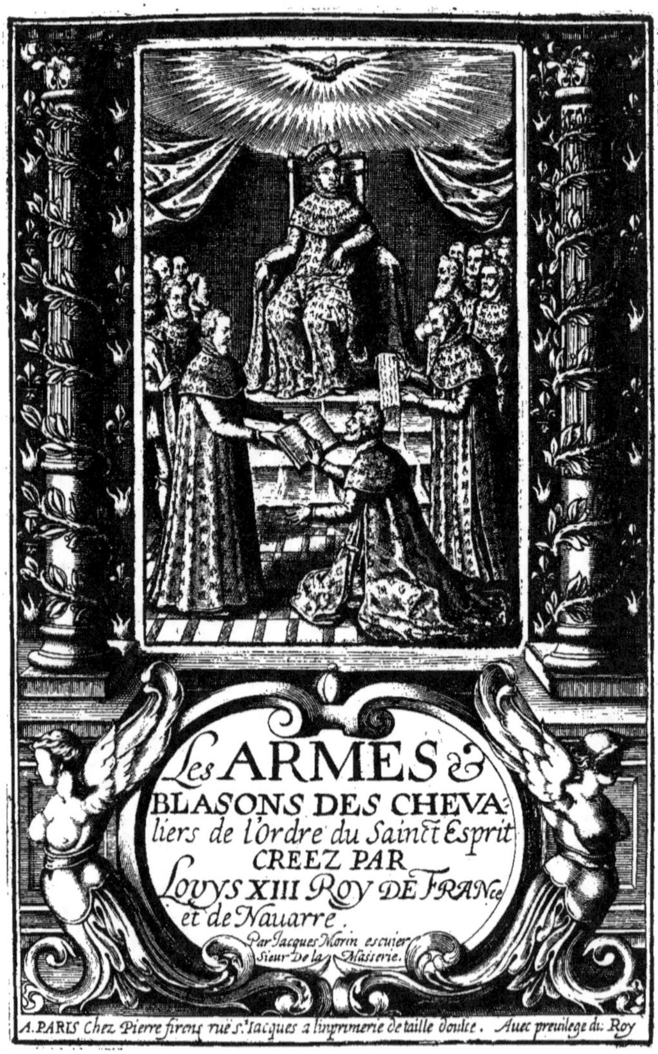

Les ARMES &
BLASONS DES CHEVA-
liers de l'Ordre du Sainct Esprit
CREEZ PAR
LOVYS XIII ROY DE FRANce
et de Nauarre.
Par Jacques Morin escuier
Sieur De la Masserie.

A PARIS Chez Pierre firens rue S.t Iacques a l'imprimerie de taille doulce. Auec preuilege du Roy

CHEVALIERS
ET
COMMANDEVRS DE L'ORDRE
DV S. ESPRIT.

Créez au Chapitre tenu par le Roy
LOVYS XIII. en l'Eglise des
Augustins à Paris, le dernier iour de
l'an M. DC. XIX.

AV ROY.

S IRE,

Voicy les Armes & les noms des Heros de la France, que vous auès honorés du Collier de vos Ordres. Vn defir de profiter au public à l'eftonnement des eftrangers, m'a donné la curiofité de les affembler, & celuy de me ranger à mon deuoir me les fait maintenant offrir à voftre Majefté; en les voyant S I R E, vous y verrés ce qu'eux & leurs Anceftres ont fait de plus glorieux pour le bien de la Couronne que vous portés fur la tefte, d'autant que c'eft vn Tableau racourcy des actions des vns & des autres, qui ont le mieux merité d'eftre recognuë, & pource que les prefages de l'aduenir font vne grace de Dieu qui de tout temps femble eftre vn accident infeparable d'auec la Majefté des grands Roys: la voftre y pourra bien-toft remarquer mil genereux deffeins qui s'imprimeront en l'ame de leur pofterité pour voftre feruice. Ainfi le vaillant Ænée (à ce que difent les Poëtes) veift dans le Bouclier, dont fa mere Venus luy fift prefent: la grandeur future de cette fuperbe Rome que fes fucceffeurs deuoient baftir. S I R E, puiffe le Ciel, permettre que ce que ie vous dis foit vne veritable prophefie, & que l'vnion des courrages de tant de grands hommes deuienne le faiffeau de jauelots que Scilurus prefenta à fes enfans. C'eft à dire, que ie fouhaitte qu'ils ne s'efloignent iamais d'aucune de vos volontés, & que tous enfemble puiffent former vn Hercul, deffus lequel vous puiffiés pour vn temps & en toute feureté defcharger le pefant faix des affaires que vous portés fur vos efpaules: à ces vœux, S I R E, i'adioufte ceux de mon eternelle obeïffance aux commandemens de voftre Majefté, en qualité,

SIRE,

DE

Voftre tres-humble, tres-fidel, tres-obeïffant feruiteur & fubiect,
DE LA MASSERIE MARIN.

ADVERTISSEMENT.

LECTEVR, ie ſçay bien que l'ouurage que i'offre à
ta veuë, n'eſt pas vn de ceux que l'immortalité garan-
tira de l'iniure du temps : auſſi ne me ſuis-ie pas flatté de
ceſte eſperance alors que i'ay entrepris de luy faire voir
le iour. Le ſeul Commandement que i'ay receu d'vn des
plus grands Officiers de la Couronne auquel ie dois tout, l'a fait ſor-
tir de mon Cabinet, eſtant bien aiſe qu'il eſprouue mon obeïſſance
en cela. Au reſte ceſte ſacrée Majeſté à qui ie le dedie, m'affranchit
de toute crainte, encore que l'on doiue tout craindre dans le monde,
& ſur tout la cenſeure de ceux qui neliſent iamais les liures d'autruy
que pour s'y d'eſplaire : la pluſ-part ont tant d'ignorance & le iuge-
ment ſi fort peruerty, que ce dont les doctes feront quelquesfois le
plus de compte, eſt ce qu'ils priſeront le moins ; en cela ils feront ſa-
gement de ſe taire. Il n'y a point d'effects qui en quelque ſorte que ce
ſoit ne ſe ſentent de leur cauſes : & comme l'on n'a point encore veu
d'homme qui n'euſt en ſoy quelque imperfection ; auſſi iuſques icy
n'a-t'on point rencontrè d'eſcrits ſans defauts. l'aduouë qu'il s'en
trouuera beaucoup dans ceux que ie te dône; Mais tu les excuſeras s'il
te plaiſt en conſideration de ma ieuneſſe qui n'eſt pas capable de faire
mieux : D'aileurs il ſuruient d'ordinaire tan de fautes en l'impreſſion,
que les Autheurs en rougiſſent. Ie te prie, Amy Lecteur, de ne t'en
prendre pas à moy, & de vouloir ietter la veuë ſur l'arrata que i'ay fait
mettre au bas de cét aduertiſſement, d'autant qu'il t'eſclarcira de
beauconp de choſes, dont autrement tu ne pourrois auoir qu'vne
obſcure cognoiſſance, Adieu.

Fautes ſuruenuës en l'Impreſſion.

fol. 8. ligne penultieſme, Riboüa, liſes Riboüal, fol. 11. lig. 2. facé d'argent, &
de gueules, l'iſés de huict pieces. fol. 27. ligne 3. liſés Laual lezé. fol. 56. lig. 2.
liſés au 3. de Rouhault, au 4. de la Chaſtre fol. 59. lig. penultieſme au dernier de la
Tour, liſes au troiſieſme.

TABLE
DES CHEVALIERS ET OFFICIERS
DE L'ORDRE DV S. ESPRIT.

FIN.

Orte de France, qui est d'azur à trois Fleurs de lys
d'or, party de Nauarre, qui est de gueules aux dou-
bles chesnes d'or passées en sautoir & orle.

Cimier, vne double Fleur de lys d'or
Supports, deux Anges, l'vn reuestu de cotte d'Armes de France,
l'autre de Nauarre.

Porte de France, au baston de gueules perie en bande.

Cimier, vne Fleur de lys d'or.
Supports, deux Anges

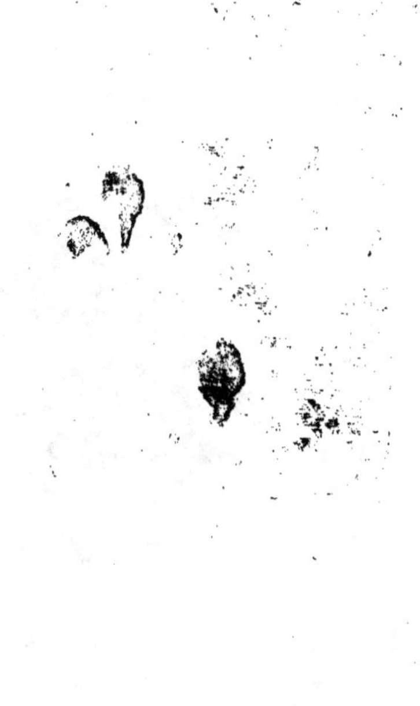

FRANCOIS ILLVSTRISSIME CARDINAL

de la Rochefoucault, Euesque de Senlis, Conseillers du Roy en ses Conseils d'Estat & priué, grand Aumosnier de France, Cardinal associé
à l'Ordre par la mort de l'Illust. Cardinal du Perron aussi grand
Aumosnier de France aduenuë en Septembre 1618.

POrte burellé d'argent & d'azur, au cheuron de 3. pieces
de gueules brochant sur le tout.

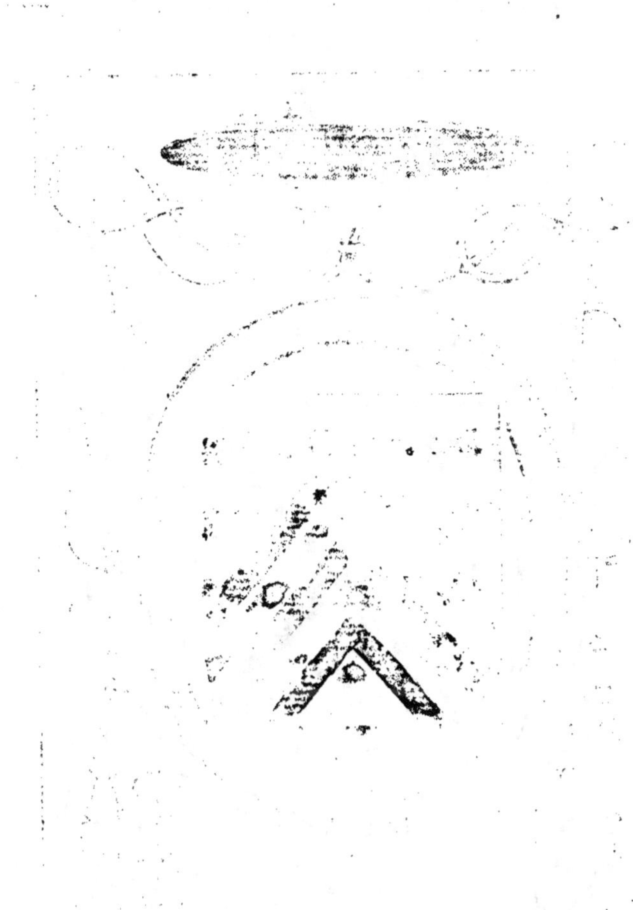

HENRY DE GONDY CARDINAL DE RETZ,

Euefque de Paris, Conseiller du Roy en ses Conseils d'Estat
& priué, & Maistre de son Oratoire, Cardinal
associé à l'Ordre.

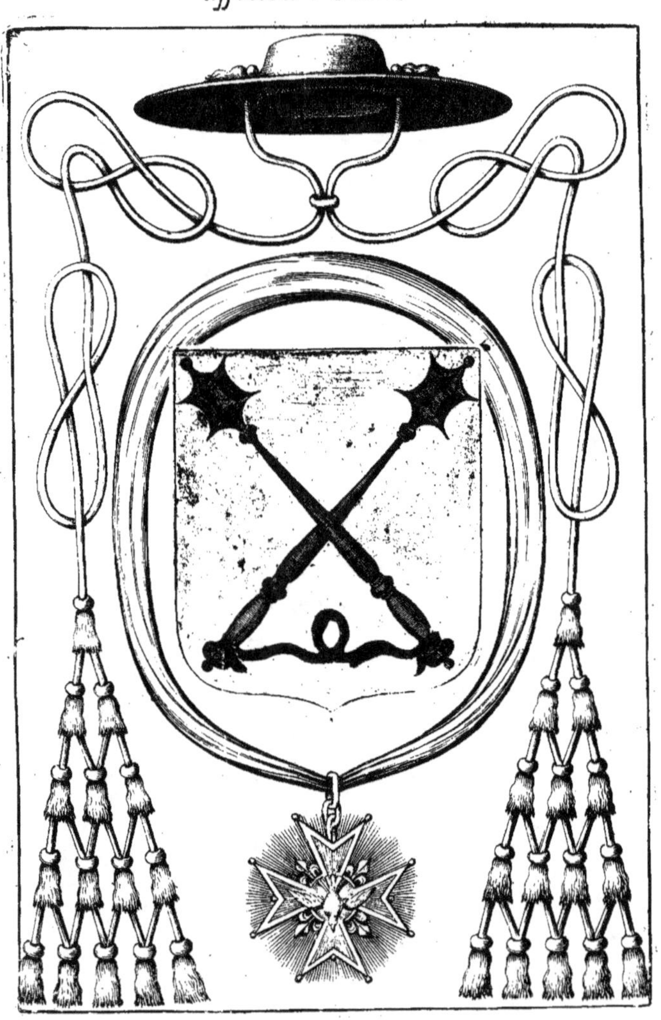

POrté d'or à deux masses d'Armes de sable passees en saultoir liees de gueules.

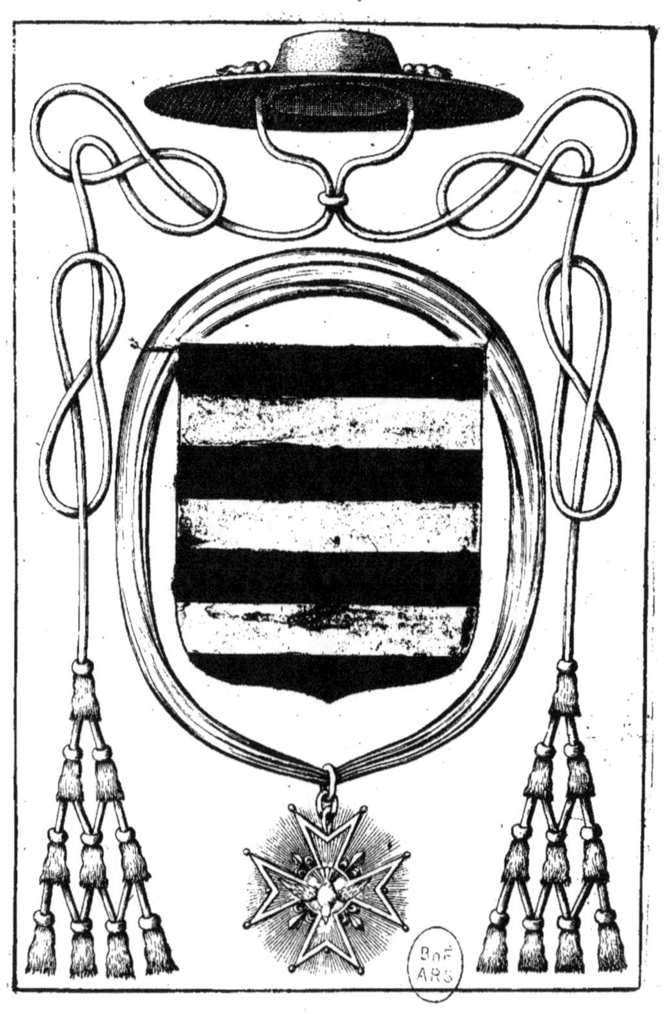

POrte d'azur à la face d'or de trois pieces.

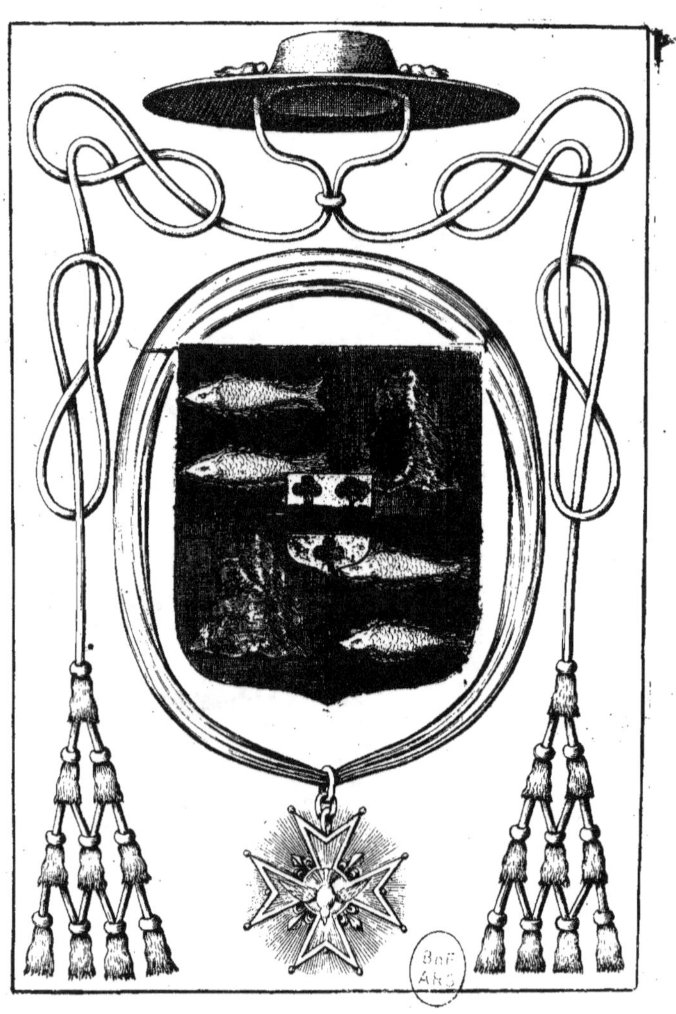

POrte eſcartelé au 1. & dernier d'azur à 2. poiſſons d'argent, qui eſt de l'Eſtang : au 2. & 3. de ſable au rocher
d'or, qui eſt de Iuyé, ſur le tout d'or à la face de gueules accompagnée de trois trefles de ſinople.

POrte escartelé, au premier & 4. d'azur au saultoir d'or,
cantonné de quatre billetes de mesme, qui est de l'Au-
bespine : escartelé de la Chastre, qui est de gueules à la croix
ancrée de vair.

POrte escartelé, au 1. & 4. d'argēt au cheuron d'azur chargé de vnze
bezans d'or, qui est d'Espinay. Au 2. quartier escartelé. au 1. de
gueules à la face d'or au chef echiqué d'argent & d'azur de 3. traicts
qui est de Sains : au 2. de Flauy, qui est d'hermines à la croix de gueules
chargée de cinq quintefeuilles d'or : au 3. de gueules semé de trefle
d'or à 2. bars adossez de mesme, qui est de Nesle : au 4. d'argent à la
croix de gueules chargee de 5. coquilles d'or qui est de Hangest. Au 3.
grād quartier de gueules à 3. faces d'or, qui est de Grouches Riboua,
party de Cossé, qui est de sable à 3. faces danchees d'or, par le bas d'or.

POrte d'azur à' trois Fleurs de lys d'or à la bordure de
gueules qui font les Armes d'Anjou.

Porte pour Cimier la Fleur de lys d'or.
Supports deux Anges.

POrte de France à la bordure de gueules, au baſton de
meſmé perie en bande.

Pour Cimier la Fleur delys d'or.
Supports deux Anges.

Porte couppé de huict pieces, 4 en chef, & 4 en pointe. La premiere du chef, de Hongrie, qui est facé d'argent & de gueules. La 2. de Naples ou Sicile, qui est de France au lambel de gueules. La 3. Hierusalem, qui est d'argent à la croix potencée d'or, cantonnee de 4 croix couppées de mesme. La 4. d'Arragon, qui est d'or au pal de 4 pieces de gueules. La 1. de la pointe, d'Anjou, qui est de France à la bordure de gueules La 2. de Gaeldres, qui est d'azur au lion contourné d'or armé & couronné de gueules. La 3. de Flandres, qui est d'or au lion de sable. La 4. de Bar, qui est d'azur à 2 bars d'or adossez, semé de croix recroisetées au pied fiché de mesme. Sur le tout d'or à la bande de gueules chargée de 3 alerions d'argent, qui sont les armes de Lorraine Le tout brisé en chef d'vn lambel de gueules.

Cimier, vn Aigle de sable couronné d'or, l'estomac chargé d'vne croix recroisée d'or Supports, deux Aigles de mesme.

POrte ecartelé, au premier & dernier de Lorraine comme cy dessus à Charles Duc de Guise. Au 2, & 3. de Fer-
rare, qui est d'azur à l'Aigle esployé d'argent armé & couronné d'or, coupée de France sans briseure.

Cimier
Supports, de la Maison de Lorraine comme cy dessus.

POrte escartelé, au 1. & dernier de Lorriane cy-desus blasonné escartelé. Au 2. & 3. de Neuers, qui est escartelé, au 1. & 4. de gueules à l'escarboucle fleuronné & pommetté d'or, qui est de Cleues parti de la Marck, qui est d'or à la face echiquetée d'argent & de gueules de 3. traicts! au second & troisiesme de Bourgogne moderne, qui est de France à la bordure componée d'argent & de gueules.

Cimier, &
Supports, de la maison de Lorraine comme cy-dessus.

Porte de France au baston de gueules peri en bande, chargé de trois lyonceaux d'argent.

CHARLES DE VALOIS DVC D'ANGOVLESME,
Pair de France, Comte d'Auuergne, & Colonel general de la Caualerie legere de France.

Orte de France au baston d'or posé en barre.

POrte de Lorraine comme cy-dessus en Charles Duc de Guise, à la bordure de gueules.

Cimier, &
Supports de Lorraine, comme cy-dessus.

POrte d'or à la croix de gueules, cantonnee de saize alerions d'azur.

Cimier, vn chien courant d'argent.
Suppors, deux Anges

POrte ecartelé, au premier & dernier de Cruſſol, qui eſt face d'or
& de ſinople parti de Leuis, qui eſt d'or au chevron de trois pieces de ſable : au ſecond & 3. de Galiot Genouillac, qui eſt d'azur à 3.
eſtoilles d'or poſées en pal, ecartelé d'or, à la bande de 3. pieces de
gueules : ſur le tout des grands quartiers, de gueules à la bande de 3.
pieces d'or qui eſt d'vzés.

Cimier, vne teſte de leurier d'argent.
Supports, deux Lions d'or.

POrte ecartelé, au premier & dernier d'or à deux maſſes
d'Armes de ſable, paſſées en ſaultoir, liées de gueules,
qui eſt de Gondy: au ſecond & troiſieſme d'Orleans, Lon-
gueuille, ecartelé de Bourbon.

Cimier, vne teſte de Sauuage de carnation.
Supports, deux Sauuages de meſme.

POrte escartelé, au premier&dernier d'or au lion de gueules couronné d'or, qui est d'Albert: au 2. & 3. d'azur à deux
louues affrontées d'argent, qui est de Luynes: sur le tout de
gueules à la masse d'Armes d'or clouée d'argent, au chef
d'argent chargé d'vn gonfanon de gueules.

Cimier, vne masse d'armes d'or.
Supports, deux Sauuages de carnation, la teste armée d'vn
morion d'azur.

POrte ecartelé, au premier & dernier de Rohan, qui est de gueules
à neuf macles d'or posées en pal 3. 3. 3. au 2. de Nauarre, qui est
de gueules à l'escarboucle de chaisnes d'or mises en chefs, faces, pals,
saultoirs, croix & orles: au 3. d'azur à trois Fleurs de lys d'or, à la
bande côponée d'argent & de gueules, qui est d'Eureux: sur le tout
de Milan, qui est d'argent à la giure d'azur issante de gueules.

Cimier, vn musle de lyon d'or.
Suppors, deux lyons d'or de mesme.

Porte d'azur à la croix d'or, cantonnée de quatre molet-
tes de mesme.

Cimier, vne teste de griffon d'or.
Supports, deux griffons de mesme.

MARTIN DV BELLAY SEIGNEVR DVDIT

lieu, Prince d'Juetot, Marquis de Lhouaroy & de Commequiers, Conseiller d'Estat, Capitaine de cinquante hommes d'Armes, Mareschal des Camps & Armées de sa Maiesté.

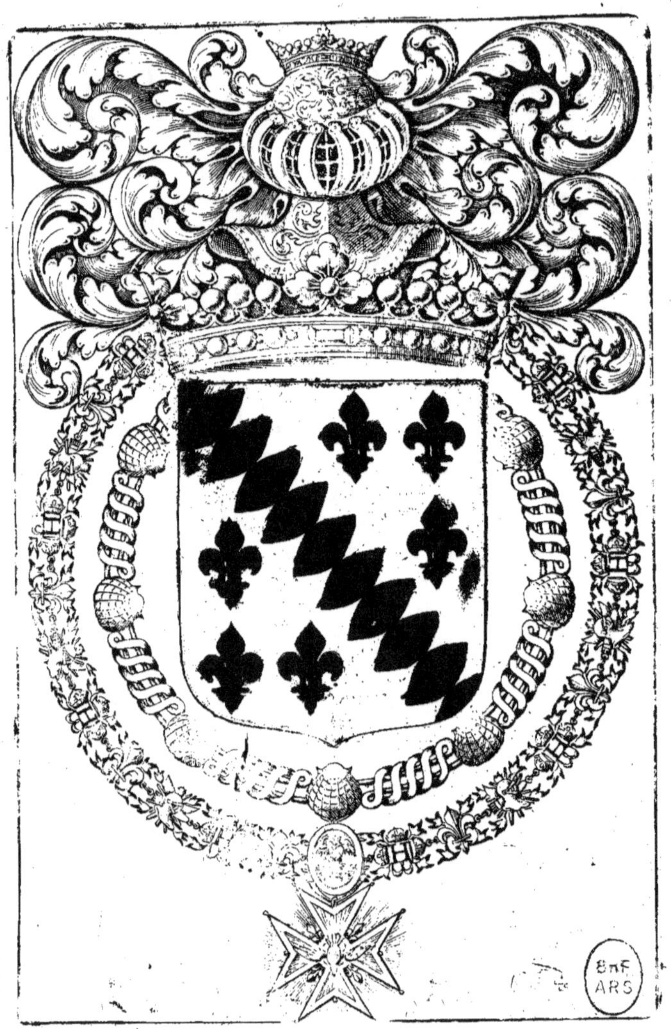

Porte d'argent à la bande fuzelée de gueules accompagnee de six Fleurs de lis d'azur, mises en orle, trois en chef, & trois en poincte.

Cimier, vne teste de Toreau de geules, Supports, deux griffons d'or.

POrtes couppé, au 1. du chef d'or à 2. lions leopardez de gueules, qui
est de blanchefort, partie d'or au loup rauissant & rãpant d'azur armé de gueules, qui est d'Agoult. La pointe tiercée : le 1. d'azur à 3. tours
d'or, 2. & 1. qui est de Montauban : le 2 d'azur à 1. pal de 3. pieces d'or au
chef de mesme, qui est de Vaise : le 3. & dernier d'or à 2. lions leopardez
d'azur, qui est de Monlor : sur le tout de Crequi, qui est d'or au crequier
de gueules.

Cimier, deux Cignes affrontéz d'argent, tenants en leur bec vn aneau d'or.
Supports deux Sauuages de carnation.

POrte de gueules à cinq fuzée d'argent peries en bande.

Cimier, vne teste de lion dor.
Supports, deux lions de mesme.

POrte escartelé, au premier & dernier d'azur à 7. besans
d'or 2. 3. 1. au chef de mesme, qui est de Melun : au 2. & 3.
des Vrsins, qui est bandé d'argent & de gueules de 6. pieces,
au chef d'argét chargé d'vne roze de gueules soustenuë d'or:
sur letout d'argent à la face de gueules, qui est de Betune.

Cimier, vne teste d'Aigle d'argent.
Supports, deux Sauuages de carnation.

POrte escartelé, au 1. & dernier quartier de Coligny, qui
est de gueules, à l'Aigle esployé d'argent, couronné &
membré d'or : au 2. & 3. de laual, qui est d'or à la croix de
gueules, chargée de cinq coquilles d'argent, accompagnée
de 10. alerions d'azur, au franc canton de Beaumont le Viconte, qui est d'azur au lion d'or, semé de Fleurs de lys de mesme.

Cimier, vn Aigle naissant d'argent.
Supports, deux Aigles de mesme.

POrte de sinople au saultoir d'or.

Cimier, vne teste de lyon d'or.
Supports, deux lyons de mesme.

Marquis de la Boſſe, Conſeiller d'Eſtat, Capitaine de cinquan-
te hommes d'armes, Gouuerneur de la Chapelle
& pais de Thierache.

POrte fuzelé d'argent & de gueules.

Cimier.
Supports, deux Sirenes d'argent dont la premiere tient vn Gui-
don aux Armes de Bourgongne l'ancien : la ſeconde vn Guidon aux
Armes du Comté de Champagne, tous deux paſſez en ſautour.

POrte escartelé, au 1. d'or, au chasteau de gueules, sommé de 3. tes-
tes de More de sable tortillées d'argent, qui est d'Espagne Mon-
tespan : au 2. & 3. de Monbos, qui est d'argent à 3. faces ondées d'azur :
au dernier d'or à 3. tourteaux de gueules 2. 1. senestrez d'vne clef de mesme perie en pal, qui est du Viconte d'Antain : sur le tout d'argent au
lion de gueules, à 7. ecussons de sinople mis en orle, qui est de Pardaillã.

Cimier, vne teste de More de sable, tortillée d'argent.
Supports, deux Mores de mesme.

HENRY DE SCHOMBERG COMTE DENAN-
tueil, Superintendant des finances, Gouuerneur de la haute &
basse Marche & pays Limosin.

POrte d'or au lion couppé de gueules & sinople.

Cimier, vne teste de lion de gueules.
Supports, de mesme.

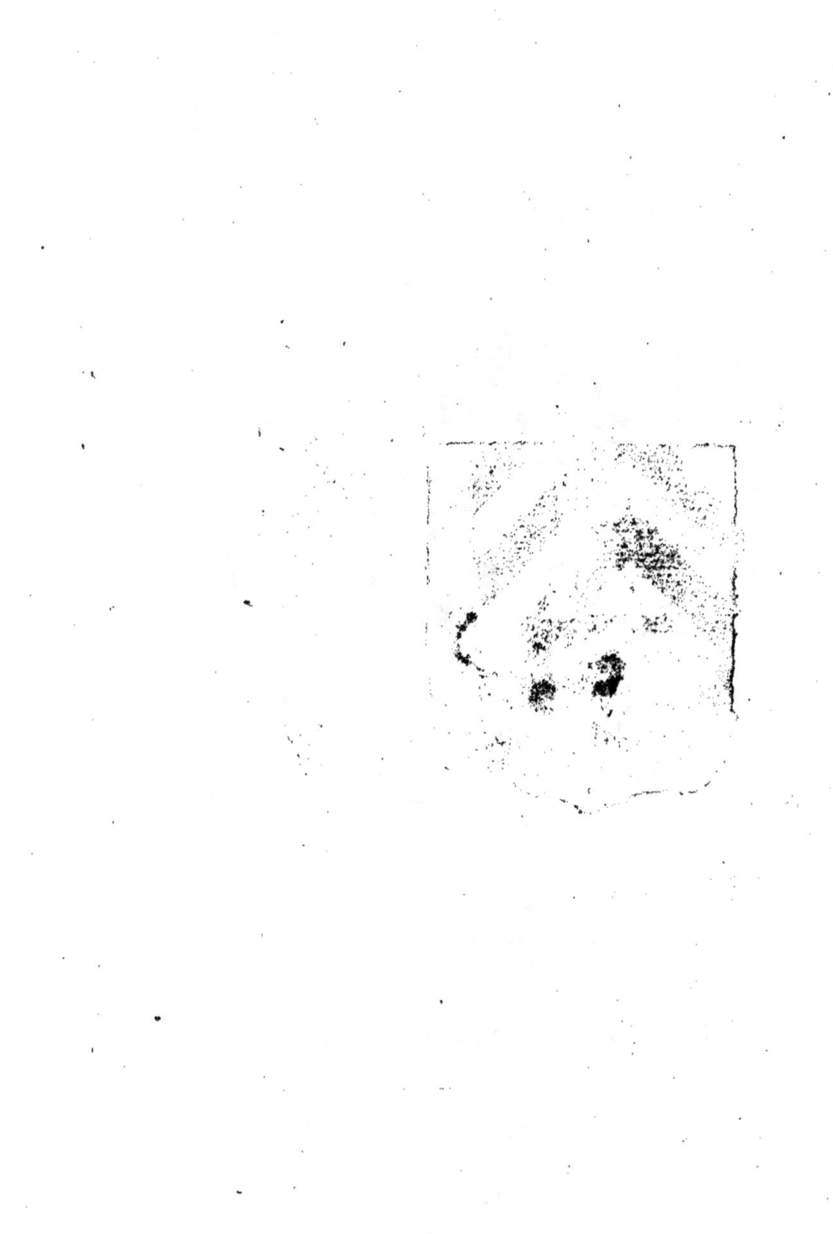

POrte d'argent au chevron de trois pieces de gueules.

Cimier, vn Escusson de ses Armes, supporté d'vn vol d'argent.
Supports, deux Cignes d'argent couronnez d'or membrez &
becquez de sable.

HENRY DE BOVRDEILLE VICONTE ET

Baron dudit lieu, Marquis d'Archiac, Conseiller d'Estat, Capitaine de cent hommes d'Armes, Seneschal & Gouuerneur de Perigort.

POrte d'or à deux pattes de griffon de gueules, onglées d'azur, posées en contrebande.

Cimier, vne teste griffon de gueules.
Supports deux griffons de mesme.

POrte escartelé, au premier & dernier de gueules, à la tour
donjonnée d'or : au second & troisiesme d'or, au lion de
gueules, au chef d'azur chargé d'vne Fleur de Lys d'or.

Cimier, vn Aigle d'or.
Supports deux Aigles de mesme.

Porte comme cy-dessus, à Artus d'Espinay Euesque de
Marseille son frere.

Supports, deux Licornes d'argent.

RENE' POTIER COMTE DE TRESMES, CON-
seiller d'Estat, Capitaine de cinquante hommes d'Armes., Lieutenant pour sa Maiesté en Champagne, & Gouuerneur
de Chaalons, Capitaine de la premiere compagnie des
Gardes du corps de sa Maiesté.

Porte d'azur à deux mains dextres d'or, au franc quartier
eschiqué d'argent & d'azur, à la bordure engreslée de
gueules.

Cimier, vn Serpent aisglé d'or.
Supports, deux Serpents de mesme.

HENRY DE BAVFREMONT MARQVIS DE Seneçay, Conseiller. d'Estat, Capitaine de cinquante hommes d'Armes, Lieutenant general pour le Roy au Comté de Masconnois, Gouuerneur des ville & chasteau d'Aussonne, Baillif & Capitaine de Challon sur Soone.

Porte vairé d'or & de geules.

Supports, deux griffons d'argent.

Orte escatelé, au premier & dernier de Gondy, comme
cy-dessus, au second & troisiesme d'hermines au chef de
gueules, qui est de Viuonne, le chef chargé de deux clefs
d'argent passées en sautoir, qui est de Clermont-tallart.

Cimier, vne teste de Sauuage de carnation.
Supports, deux Sauuages de mesme.

POrte de sable au sautoir d'argent.

Cimier, vn sauuage de carnation.
Supports, deux Sauuages de mesmes.

BERTRAND DE VIGNOLLES DIT LA
Hire, Baron dudit Vignolles, Conseiller d'Estat, Capitaine de cent hommes d'Armes, & Mareschal des Camps & Armées de sa Majesté.

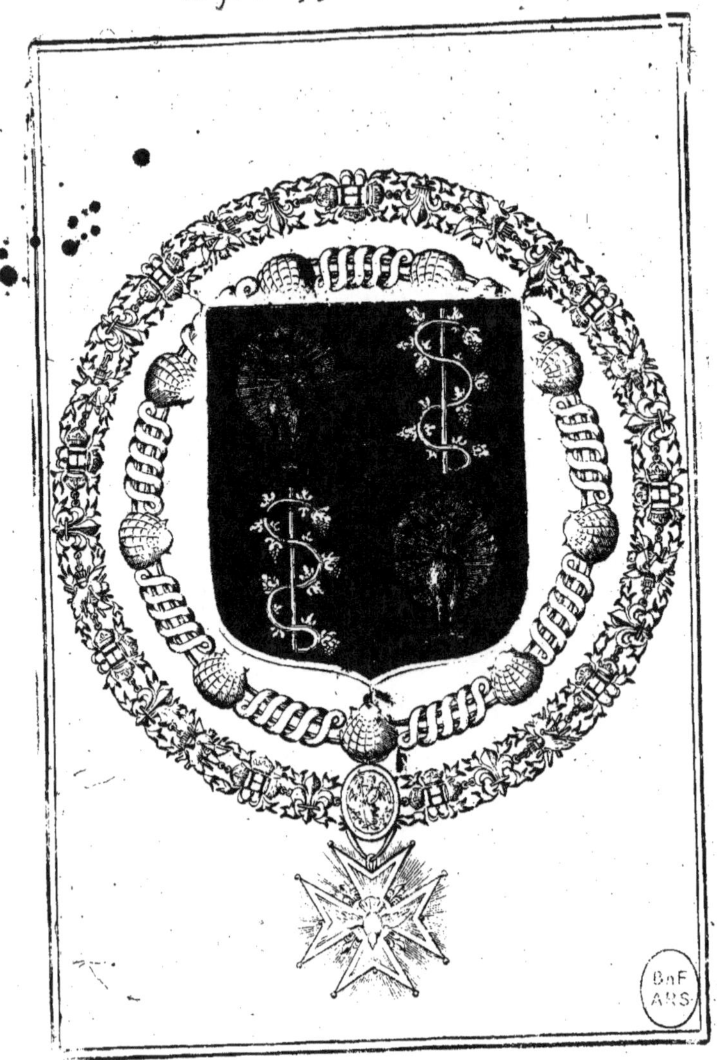

POrte escartelé, au premier & dernier d'azur au Paon d'or, qui est de la maison de sainct Paul de Ricault: au second & troisiesme de sable au sept de Vigne d'argent, soustenu d'vn eschalat de mesme, qui est de Vignolles.

Cimier, vn sauuage de carnation.
Supports, deux Sauuages de mesmes.

ANTHOINE DE GRAMONT TOVLON-
jon, Souuerain de Bidaches, Comte de Guiche & de Louuignier, Conseiller d'Estat, Capitaine de cent hommes d'armes, Gouuerneur de Bayonne, & pays adiacens.

POrte escartelé au premier & quatriesme de gueules à trois faces vndées d'argent, qui est de Toulonjõ : au 2. & 3. de gueules a 3. jumelles d'argent, qui est de S. Cherõ : sur le tout escartelé au 1. d'or au liõ de gueules, qui est de Gramont : au 2. de gueules à 3. dards d'or peris en pal, qui est d'Aste : au 3. d'argent, au chef emmanché de 3. pieces d'azur, qui est de Mucidan : au dernier d'argent au levrier rãpant de sable.

Cimier, vn levrier d'argent accolé de gueules cloüé d'or.

Supports, deux levriers de mesme.

POrre tiercé en bande d'or, de gueules, & d'azur.

Cimier, vne teste de griffon d'or.
Supports, deux griffons de mesme.

POrte escartelé, au premier de la Magdelaine, qui est d'hermines, à
la bande de trois pieces de gueules, chargée d'vnze coquilles d'or,
au 2. d'or à la croix ancrée de gueules qui est de Damas : au troisiesme
de gueules à 3. bandes d'argent, qui est de Clugny : au quatriesme &
dernier de Bourgongne l'ancien, qui est bandé d'or & d'azur de six
pieces, à la bordure de gueules.

Cimier, vn griffon d'or.
Supports, deux griffons de mesme.

POrte escartelé, au premier & quatriesme d'argent, au sautoir de
gueules, à la bordeure de sable chargée de 8. Fleurs de lys d'or, qui
est de Mitte: au second de Miolans, qui est bandé d'argent & de gueules de six pieces: au troisiesme de gueules, à l'Aigle esployé d'argent,
qui est de Roussillon : sur le tout d'argent à la face de gueules, parti
d'azur, qui est de sainct Chaumont.

Cimier, vn Aigle d'or.
Supports, deux Aigles de mesme.

POrte efcartelé, au premier & dernier d'or au lion de gueules couronné de mefme : au 2. & 3. d'azur à deux louues affrontées d'argent, fur le tout de gueulles, à la Mafle d'armes d'or clouée d'argent,
au gonfanon de gueules mis en chef, à la bordure engrelée d'azur. Depuis ayant efpoufé l'heritiere d'Ailly, il a pris pour Armes d'or au lion
de gueules couronné de mefme, qui eft d'Albert : efcartelé d'Ailly,
qui eft de gueules, au chef echiqué de trois traicts d'arhent & d'azur.

Cimier, vn leurier d'argent.
Supports, deux levriers de mefme.

IEAN DE VARINIERES SIEVR DE BLAIN-
uille, Enseigne de la Compagnie du Roy, Lieutenant pour sa Maiesté au Bailliage de Caem & Maistre de sa Garderobe.

POrte de gueules, au cheveron d'argent de trois pieces, à
la bordure engreslée d'azur.

Cimier, vn Aigle d'or.
Supports, deux Aigles de mesme.

LEON D'ALBERT SEIGNEVR DE BRANTES,

Conseiller d'Estat, & Lieutenant commandant la compagnie de deux cens Cheuaux Legers de la garde du Roy, à present Duc de Luxembourg & de Pinay, Pair de France,

POrte comme cy deſſus, à la bordure eſcartelé, de gueules & d'or, Et depuis ayant eſpouſé l'vne des files de la Maiſon de Luxembourg, a quitté ſeſdites Armes, & a pris le nom & Armes plaines de Luxembourg, qui ſont d'argent au lion de gueules, la queuë paſſée en ſautoir, couronné & armé d'or

Cimier, vn muffle de Lion d'or.
Supports, deux Lions d'or.

POrte d'azur, à six bezans d'argent, 3. 2. 1.

Cimier, vne teste de griffon d'argent.
Supports, deux griffons de mesme.

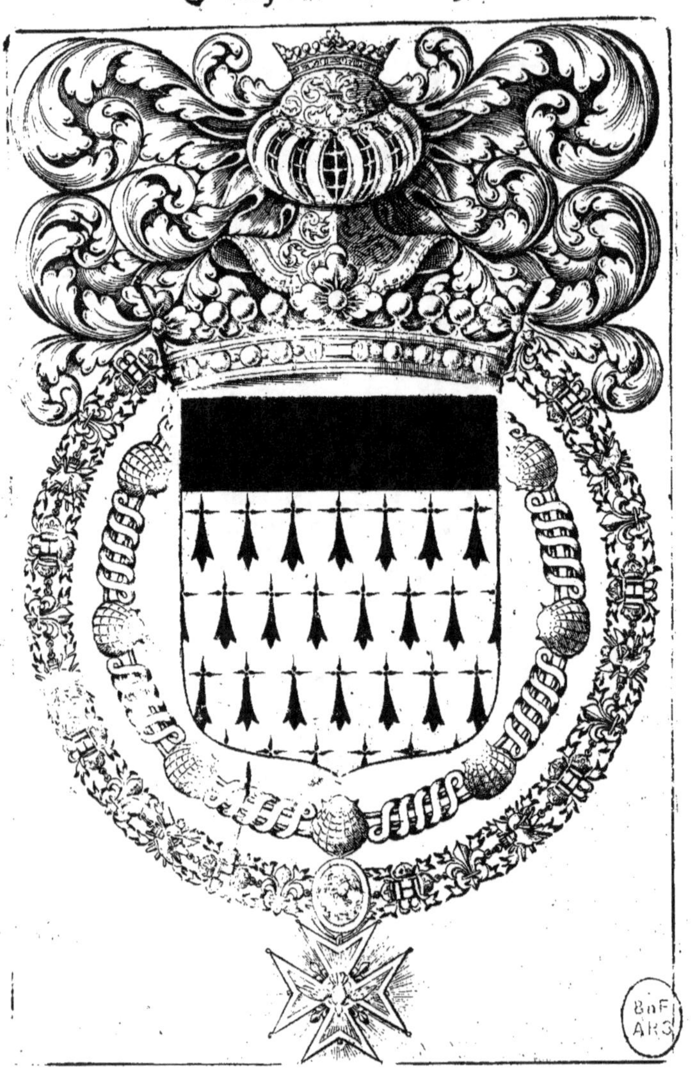

POrte d'hermines au chef de gueules.

Cimier, vn Serpent aisflé d'or.
Supports, vn Aigle esployé d'or, supportant l'Ecusson.

ANDRE' DE COCHEFILLET COMTE DE
Vauuieux, Baron de Vaucelas, Conseiller d'Estat, Capitaine de cinquante hommes d'Armes.

POrte escartelé, au premier & quatriesme de Bailleul, qui est de gueules, parti d'hermines: au second & 3. d'argent à la croix de gueules, qui est de Hangest: sur le tout de Cochefillet, qui est d'argent, à deux Leopards de gueules.

Cimier, vn Aigle esployé d'or.
Supports, deux Aigles de mesme.

POrte eſcartelé, au premier de Vermandois, qui eſt echiqué d'or & d'azur, au chef d'azur chargé de 3. Fleurs de lys d'or: parti de ſainct Simon, qui eſt de ſable à la croix d'argent, chargée de cinq coquilles de gueules: au 2. de la Trimoüille Dours qui eſt d'or, au cheuron de gueules chargé ſur la pointe d'vne Fleur de lys d'argent, accompagné de 3. alerions d'azur, 2. en chef, vn en poincte, au troiſieſme de Montmorency: au quatrieſme de Sarebruche, qui eſt d'azur, ſemé de croix recroiſetées au pied fiché d'or au lion d'argent: ſur le tout Dauuet, qui eſt bandé de gueules & d'argent de ſix pieces, la premiere bande d'argent chargée d'vn lion de ſable.

Cimier, vn lion d'or.
Supports, deux Sauuages de carnation.

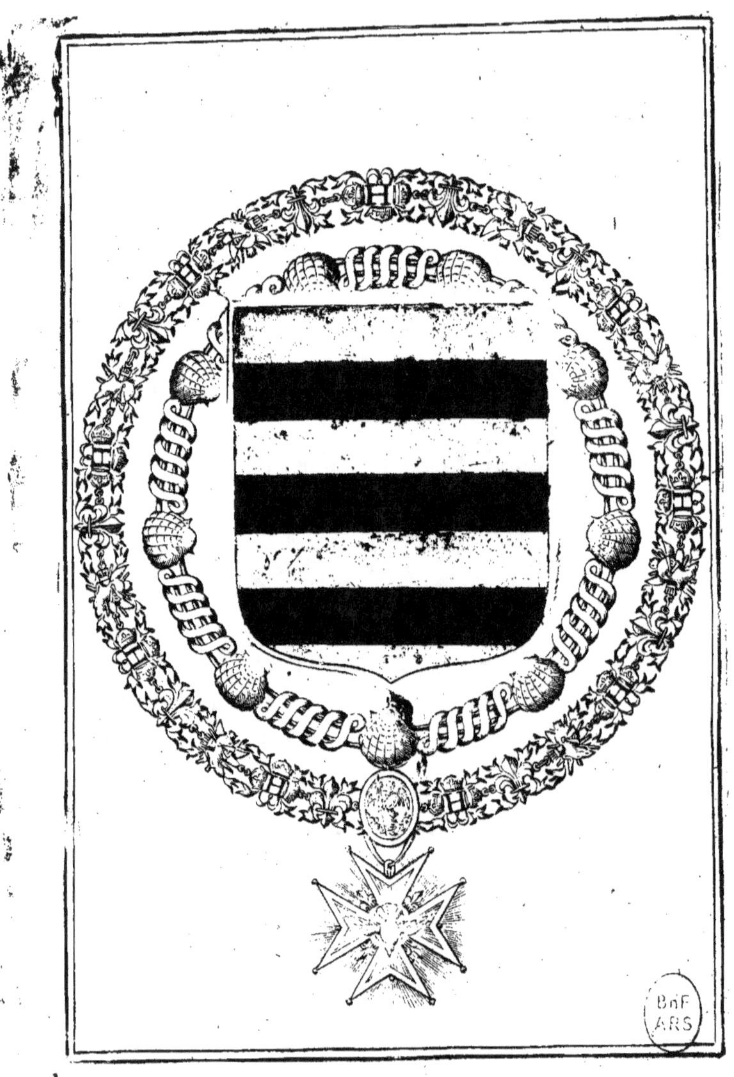

POrre d'or, à la face de trois pieces d'azur.

Cimier, vn Lion d'or.
Supports, deux Lions de mesme.

Orte d'or, à la face de gueule de trois pieces.

Cimier, vne teſte de leurier de ſable au colier de gueules cloué
d'or acoſté d'vn vol d'argent.
Supports, deuxs Lions d'or.

ANTHOINE DE BVADE SEIGNEVR DE

Frontenac, Baron de Paluau, Conseiller d'Estat, Capitaine &
Gouuerneur des Chasteaux de sainct Germain en Laye,
& premier Maistre d'Hostel du Roy.

pOrte d'azur, à 3. pattes de griffon d'or, 2. 1.

Cimier, vn Griffon d'or.
Supports, deux Griffons de mesne.

POrte escartelé, au premier de Naples, au 2. d'Aragon : au troisief-
me de la Chaître, qui eft de gueules, à la croix ancrée de vair: au
quatriefme de fable à 2. Leopards d'or, qui eft de Rouhault, parti de
face d'or & de gueules de dix pieces, qui eft Voluire Rufec, fouftenu
de Monbazon : fur le tout de l'Hofpital, qui eft de gueules, au Coq
d'argent, creté, membré, & becqué d'or, fouftenant vn Eccuffon
d'azur chargé d'vne Fleur de lys d'or.

Cimier, vne tefte de coq arachée d'argent
Supports, deux Anges.

Porte d'azur, à vne bande d'or de cinq pieces.

Cimier, vn Lion d'or.
Supports, deuxs Lions de mesme.

POrte escartelé, au premier de Naples, au second d'Aragon, au troisiesme de Brichanteau, au quatriesme de la
Chastre : sur le tout de l'Hospital, comme cy-dessus.

Cimier, vne teste de Coq arachée d'argent.
Supports, deux Lions d'or.

Orte escartelé, au premier & dernier de la March, qui est
d'or à la face echiquetée de 3. traicts d'argent & de gueules : au 2. d'Auuergne, qui est d'or au gonfanon à 3. pantes
de gueules : au dernier de la Tour, qui est de France, à la tour
d'argent.

Supports, deux Licornes d'argent.

POrte eſcartelé, au premier & 4. facé d'or & d'azur de
huiɕt pieces à 3. annelets de gueules brochans ſur la 1. &
2 face, qui eſt de la Vieuille des pais bas : au 2. & 3. d'O, qui
eſt d'hermines au chef endenté de gueules : ſur le tout d'argent à ſept fueilles de Houx d'azur, 3.3.1.

Cimier, vne Hure de Sanglier de ſable.
Supports, deux Sauuages de carnation.

POrte de gueules, à trois Fleurs de lys d'argent, 2. 1.

Cimier, vn teſte de Lion d'or.
Supports, deux Lions de meſme.

Porte escartelé, au premier d'azur au Lion couronné, d'or qui est de sainct Lary : au 2. d'or à 4. pals de gueules, qui est d'Aragon : au 3. de gueules au vaze d'or, qui est d'Orbessan : au 4. d'azur à 3. demi pals flanboyants d'argent, partants du pié de l'Escu, qui est de Termes : sur le tout d'azur à la cloche d'argent, qui est de Belle-garde, au lambel de gueules posé en chef.

Supports, deux lions d'or.

POrte comme cy-dessus, à Lois de Rohan Comte de Ro-
chefort.

Supports, deux Lions d'or.

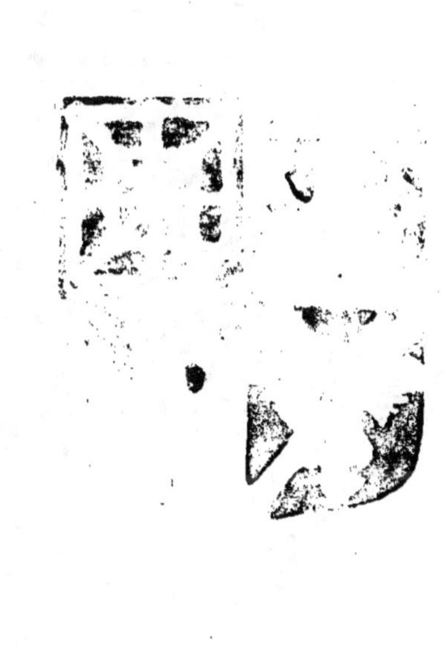

FRANCOIS DE SILLY COMTE DE LA ROCHE

guion, Damoiseau de Commercy, Marquis de Guiercheuille,
Conseiller d'Estat, Capitaine de cinquante homme d'Ar-
mes, & grand Louuetier de France, depuis nommé
Duc & Pair de France.

POrte escartelé & contre escartelé, au premier & 2. grand quartier escartelé : au
1. & 2. d'hermines à 3. tourteaux mis en chef, & vne viure de gueules mise en face,
qui est de Silly : au 2. & 3. d'or à la bande de 3. pieces d'azur à la bordeure de geules,
qui est de la Roche-guion : sur le tout de Sarebruche, cy-dessus blasonné : au 2. &
3. grand quartier escartelé : au 1. & 4. de Laual, au 2. & 3. d'Eureux : sur le tout de
Vitré, qui est de gueules au lion d'argent : sur le tout des grands quartiers d'argent
à la face bandée d'or & de gueules de six pieces, qui est de Pons.

Supports, deux Griffons d'argent.

POrte d'azur à la bande de trois pieces d'or.

Cimier, vn Lion d'or.
Supports, deux Lions de mesme.

FRANCOIS COMTE DE LA ROCHEFOVCAVLT,

Prince de Marillac, auiourd'huy Gouuerneur & Lieute-
nant general pour le Roy au pais de Poicłou, & nommé
Duc & Pair de France.

POrte burelé d'argent & de gueules de dix pieces, au chevron de trois gueules brochans sur le tout.

Cimier, vne Mellusine, ou Sirene nuë, qui d'vné main tient vn
miroir, & de l'autre vn peigne.
Supports, deux Sauuages de carnation.

JACQVES D'ESTAMPES SEIGNEVR DE

Vallancey, Conseiller d'Estat, Capitaine de cinquante hommes d'Armes, Lieutenant Colonel de la Caualerie legere
de France.

POrte d'azur à deux girons d'or mis en chevron, chargé
sur la pointe d'vn Croissant montant de gueules, au chef
d'argent chargé de trois couronne de gueules.

Cimier, vne teste de Griffon arrachée d'or.
Supports, deux Lions d'or.

IL receut l'Ordre du S. Eſprit en l'Egliſe Cathedrale de Grenoble, le 25. Iuillet 1622.

POrte de gueules, au lion d'or au chef couſu d'azur, chargé de 3. rozes d'argent.

Porte de gueulles au cheuron ondé d'argent & d'azur, de six
pieces, accompagné de trois lionceaux d'or, deux en chef
affrontez, & vn en pointe.

Cimier, vn lyon naisant d'or.
Supports, deux lyons de mesme.

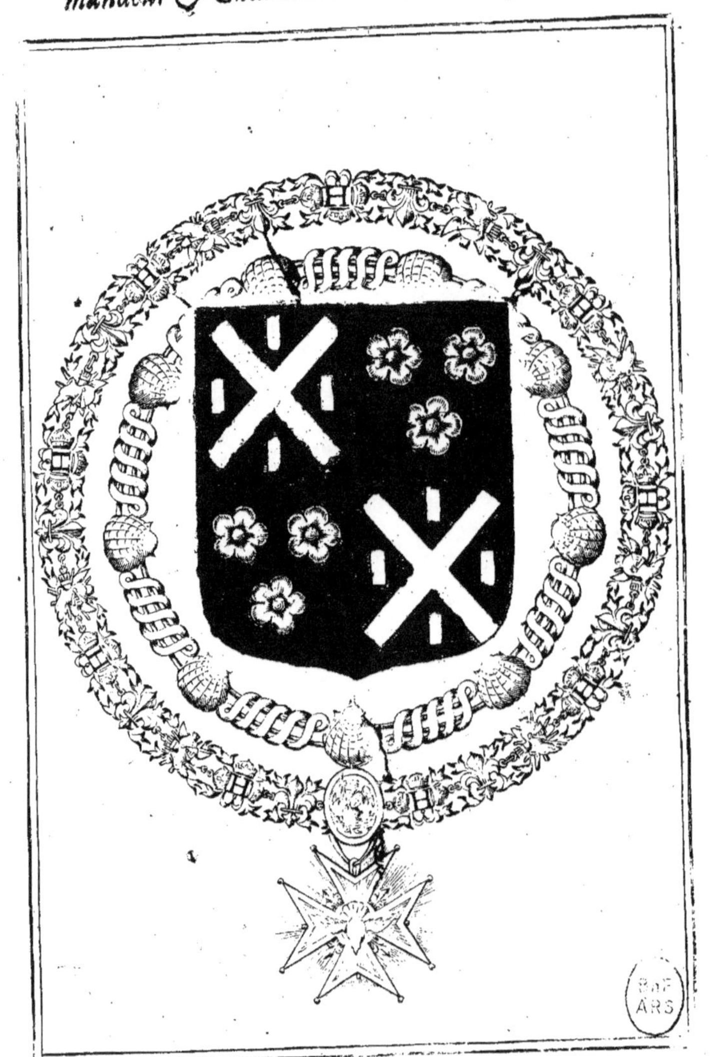

POrte escartelé, au premier & quatriesme d'azur au saultoir alizé d'or, cantonné de quatre billettes de mesme:
au deuxiesme & troisiesme de gueules à trois fleurs d'Au-
bespine d'or, 2. & 1.

Cimier, vn lion naissant d'or, tenant vne hache de gueules.
Supports, deux Austruches au naturel.

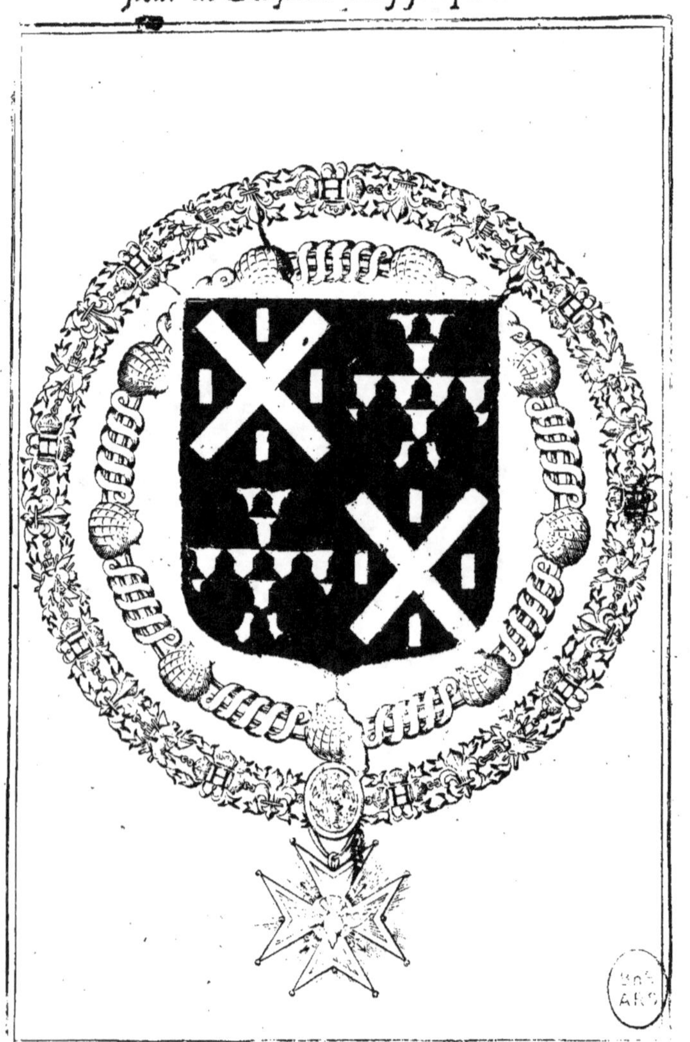

POrte d'azur au saultoir alizé d'or, accompagné de quatre billettes de mesme, escartelé de la Chastre, qui est
de gueules à la croix ancrée de Vair.

Cimier &
Supports, comme Monsieur de Chasteau-neuf son pere.

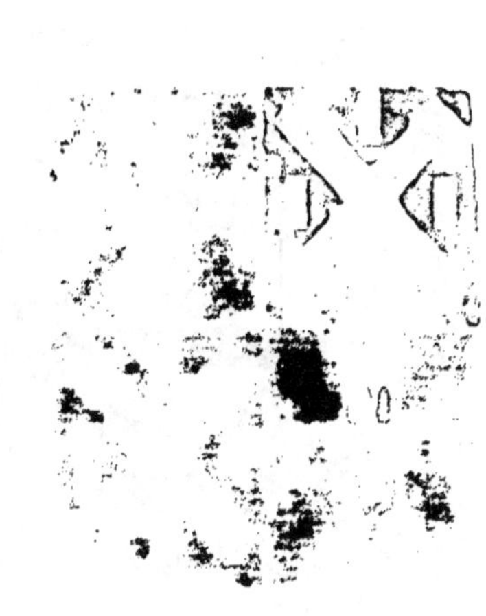

Porte escartelé, au premier & quatriesme d'or, à l'arbre de sinople aux racines de mesme, chargé d'vn tourteau de sable, au chef d'azur chargé de trois lozanges d'argent: au 2. & 3 d'Aubourg porcheux, qui est d'azur à vne face d'or de trois pieces,

Cimier, vn lion naissant d'or.
Supports, deux lions de mesme.

Porte d'or à l'arbre de sinople, aux racines de mesme, au
chef d'azur chargé de trois mondes d'argent, à la bordeure engreslee de gueules,

Cimier, vn lion naissant d'or.

Supports, deux lions de mesme.

POrte de gueule à vne bande d'or chargéee d'vne traiſnee
de ſable, accompagnee de cinq barillets de meſme.

Cimier.
Supports, deux Sauuages de carnation.

POrte d'Azur à trois cormorans d'argent deux & vn escartelé de gueules, au griffon d'or, armé & membré de
mesme, qui est de Trelon Cauchon.

Cimier.
Supports.

POrte escartelé au premier & quatriesme d'azur à deux
mains dextres d'or, au franc quartier eschiqué d'argent
& d'azur, à la bordeure engreslée de gueules : au second &
troisiesme d'azur à la cotice de pourpre, accompagnée de
deux Amphisteres ou Serpens aisles d'or, qui est de Baillet.

Cimier, vn Amphistere d'or.
Supports, deux Serpens de mesme.

POrte d'Azur à trois diamans taillez en lozange d'argent
enchassez d'or, deux & vn, au soulsi d'or mis en cœur
feuillé de mesme.

Cimier, vn lyon naissant d'or.
Supports, deux lyons de mesme.

POrte d'azur au demy vol d'argent, au chef d'or chargé d'vn
Croissant montant de sable, accosté de deux Estoilles de
mesme.

POrte escartelé, au premier & quatriesme eschiqué d'argent & d'azur, coupé de gueules, au rameau d'or posé en bande: au deuxiesme & troisiesme d'argent à la face de sable, suportant vn lion leopardé de mesme.

FIN.